**Bibliografische Information der Deutschen Nationalbibliothek:**

Die Deutsche Bibliothek verzeichnet diese Publikation in der Deutschen Nationalbibliografie; detaillierte bibliografische Daten sind im Internet über http://dnb.d-nb.de/ abrufbar.



**Impressum:**


Druck und Bindung: Books on Demand GmbH, Norderstedt Germany
ISBN: 978-3-668-05229-1

**Dieses Buch bei GRIN:**

http://www.grin.com/de/e-book/304509/dreistufiges-schneiden-eines-gewindes-unterweisung-industriemechaniker-in

Marek Lammert

# Dreistufiges Schneiden eines Gewindes (Unterweisung Industriemechaniker/in)

GRIN Verlag

# Inhaltsverzeichnis

# 1. Thema der Unterweisung

Das Thema der Unterweisung ist das fachgerechte manuelle, dreistufige Schneiden eines metrischen ISO-Gewindes.

## 1.1. Ausbildungsbetrieb

Der Auszubildende, Max Muster, arbeitet in der Firma Wunderland. Wunderland ist ein mittelständiges, landwirtschaftliches Unternehmen, welches jährlich einen Auszubildenden einstellt. Max ist als Auszubildender in der Schlosserei/Vorrichtungsbau eingestellt. In der Abteilung werden unter anderem große Vorrichtungen individuell für Prototypenmaschinen angefertigt.

## 1.2. Themenwahl

Für den Vorrichtungsbau ist es wichtig, Bauteile individuell anzufertigen oder auch umändern zu können. Bei bereits geschweißten oder fertig montierten Vorrichtungen ist es nicht immer möglich, Maschinen einzusetzen. Daher ist das manuelle Gewindeschneiden von hoher Bedeutung.

# 2. Ausgangssituation

## 2.1. Ausbildungsberuf

Hier handelt es sich um den Ausbildungsberuf zum Industriemechaniker/ Industriemechanikerin im Bereich Maschinen- und Anlagenbau.

## 2.2. Bezug zur Ausbildungsordnung

Die Unterweisung erfolgt nach dem derzeit gültigen Ausbildungsrahmenplan der IHK Dortmund §11 Abs. 1 Nr.8 c (Werkstücke durch manuelle und maschinelle Fertigungsverfahren herstellen. Siehe Anlage)

## 2.3. Auszubildender

Der 18-jährige Auszubildende, Max Muster, befindet sich in dem sechsten Monat des ersten Ausbildungsjahres zum Industriemechaniker.

Max hat seinen Realschulabschluss mit sehr guten Noten erworben. Auf einem Ausbildungsmarkt hat Max die ersten Interessen an der Ausbildung zum Industriemechaniker gezeigt. Daraufhin hat er sich bei der Firma Wunderland beworben. In einem Vorstellungsgespräch hat er durch sein großes Interesse an dem Ausbildungsplatz überzeugen können. Er hatte sich vorher genau über den Beruf und die Firma informiert.
Max beschreibt sich selber als teamfähig und sehr lernwillig. Dieses Verhalten hat sich in der Probezeit genauso widergespiegelt. Er ist immer freundlich zu den Mitarbeitern und zu seinen Vorgesetzten.

### 2.3.1. Vorkenntnisse

Max hat vor der Ausbildung noch keinerlei praktische Erfahrungen sammeln können. Er hat aber schon in der Probezeit mit seinem handwerklichen Geschick überzeugt und großes Interesse an den auszuführenden Tätigkeiten gezeigt. Max hat bereits beim Anreißen, Körnen, Bohren und Senken mit seinen Leistungen überzeugen können. Weitere Stärken hat Max im Bereich des Messens und Prüfens mit dem Messschieber, Winkel gezeigt. Er hat bereits Kenntnisse beim Lesen und Verstehen von technischen Zeichnungen erworben. Die Sicherheits- und Arbeitsschutzvorschriften sind ihm ausgiebig erläutert worden. In einer Nachkontrolle ist überprüft worden, dass Max diese o. g. Fähigkeiten bereits sicher anwenden kann.

## 3. Voraussetzungen

Um Fehler zu vermeiden, ist es dringend notwendig, Zeichnungen genau lesen und verstehen zu können. Zudem ist es erforderlich, das Anreißen, Bohren und Senken zu können und gegebenenfalls zu kontrollieren.

## 4. Einordnung der Unterweisung

Diese Unterweisung des manuellen Gewindeschneidens knüpft an die letzte Unterweisung "Normgerechtes Bohren und Senken eines Werkstückes" an.
Damit ist die jetzige Unterweisung grundlegende Voraussetzung für die nächste Unterweisung "Bauteile auch aus unterschiedlichen Werkstoffen zu Baugruppen fügen" (vgl. §11 Abs. 1 Nr. 8e.) Hierfür ist es notwendig, z. B. Bauteile kraftschlüssig miteinander verbinden zu können.

# 5. Lernziel

Das Ziel der Unterweisung ist, dass Max selbstständig und sicher, unter Beachtung der Unfallverhütungsvorschriften, ein Innengewinde nach den jeweiligen Anforderungen und Vorgaben schneiden kann.

## 5.1 Zielerreichung

Das Ziel der Unterweisung ist dann erreicht, wenn der Auszubildende befähigt ist, alle Gewinde kontinuierlich gerade und sauber, manuell zu schneiden. Dabei ist vor allem auf die Qualitätsanforderung und auf die Unfallverhütungsvorschriften zu achten.

## 5.2 Lernzielstufen

### 5.2.1 Richtlernziel

Der Auszubildende Max soll gemäß der Verordnungen über die Berufsausbildung zum Industriemechaniker im Bereich Maschinen- und Anlagenbau ausgebildet werden.

### 5.2.2 Groblernziel

Max soll gemäß §11 Abs. 1 Nr.8 Bauteile und Baugruppen herstellen können.

### 5.2.3 Feinlernziel

Der Auszubildende soll in der Lage sein, selbstständig ein sauberes, gerades Gewinde zu schneiden und die Erfüllung des Auftrages zu kontrollieren.

## 5.3. Affektiver Lernbereich

Max entwickelt ein Bewusstsein für die Qualität und Bedeutung von Gewinden in einer Baugruppe. Es wird verdeutlicht, dass Unfallverhütungsvorschriften zu beachten sind.

## 5.4. Kognitiver Lernbereich

Nach der Unterweisung kann Max ordnungsgemäße Gewindebohrungen ausführen und fehlerhafte Gewinde erkennen sowie notfalls nachbessern. Den Ablauf der Schritte kann er erklären und auch selbstständig wiederholen. Er weiß, wie die zu benutzenden Werkzeuge sachgemäß zu verwenden sind.

## 5.5. Psychomotorischer Lernbereich

Max soll mit der Unterweisung lernen, wie er den Gewindebohrer und das Windeisen fachgerecht benutzt. Durch das Nachmachen der Tätigkeit soll er lernen, ordentlich mit den Werkzeugen umzugehen. Darüber hinaus soll er die nötigen Fingerfertigkeiten erlernen, um zukünftige Fehler zu vermeiden. Des Weiteren soll er ein Gefühl dafür bekommen, ein Gewinde gerade zu schneiden und somit die Zeit der Nacharbeit zu ersparen.

# 6. Zeitbedarf/Zeitpunkt/Lernort

Die Dauer der Unterweisung ist auf einen Zeitrahmen von 15-20 Minuten begrenzt.

Aufgrund von Erfahrungswerten der letzten Jahre wurde die Unterweisung auf 9.00 Uhr angesetzt, da um diese Uhrzeit die Leistungsbereitschaft und Motivation der Mitarbeiter immer am höchsten war.

Die Unterweisung wird in einer kleinen Lehrwerkstatt stattfinden. In den Räumlichkeiten ist es ruhig, damit Max nicht abgelenkt werden kann. Eine Werkbank mit Schraubstock befindet sich in der Lehrwerkstatt.

# 7. Unterweisungsmittel

Für die Unterweisung werden folgende Hilfsmittel und Werkzeuge benötigt:
>Schraubstock.
>Werkstück aus der vorherigen Unterweisung (Vorgebohrte Löcher)
>Dreiteiliges Gewindeschneidset
>Schneidfett
>Anschlagwinkel
>Gewindelehrdorn
>Windeisen
>Reinigungstuch
>Pinsel
>Gewindetabelle

## 8. Methodenauswahl

Ich habe die "Vier-Stufen-Methode" für die Unterweisung gewählt.
Die "Vier-Stufen-Methode" hat viele Eigenschaften, die gerade bei praktischen Unterweisungen von Vorteil sind.

Vorteile sehe ich darin, dass in kurzer Zeit einfache Fertigkeiten erlernt werden können.
Dadurch, dass der Ausbilder jederzeit in das Geschehen eingreifen kann, können Fehler vermieden werden.
Unsicherheiten können durch gezielte Hilfestellungen behoben werden.
Durch das Üben der Tätigkeiten werden die psychomotorischen Fähigkeiten ausgeprägt und das handwerkliche Geschick wird gefordert.
Eine Lehrerfolgskontrolle kann durch gezielte Fragen zum Verständnis des Vorgemachten gegeben werden.

Ein Gewinde zu schneiden, bedarf praktischer Fähigkeiten. Diese können nur schwer durch Präsentationen oder Lehrgespräche erlangt werden.
Der Auszubildende wird durch Zwischenfragen zum Nachdenken animiert. Fragen zum fachlichen Können können direkt erklärt und vorgemacht werden.

Durch die "Vier-Stufen-Methode" können verschiedene Lerntypen angesprochen werden:

- Der visuelle Lerntyp wird angesprochen, da die auszuführende Tätigkeiten durch das Vormachen dargestellt werden.

- Der auditive Lerntyp wird angesprochen, da der Ausbilder während des Vormachens die Arbeitsschritte genauesten erklärt.

- Der verbale Lerntyp wird angesprochen, da der Auszubildende beim Nachmachen der Arbeitsschritte diese dem Ausbilder erklären muss.

- Der haptische Lerntyp wird angesprochen, da der Auszubildende die Arbeitsschritte selber ausführen darf und somit seine motorischen Fähigkeiten einsetzen kann.

## 9. Ablauf der "Vier- Stufen- Methode"

| Was? | Wie? | Warum? |
|---|---|---|
| **1.Phase** | **Vorbereiten und Motivieren** | |
| Vorbereitung | Der Ausbilder legt den Termin und den Ort der Unterweisung fest. | Damit die Unterweisung nicht unerwartet gestört oder unterbrochen wird. |
| Vorbereitung | Der Ausbilder hat sich auf das Thema vorbereitet. | Damit er dem Auszubildenden die wichtigen fachlichen Problematiken erläuten und erklären kann. |
| Vorbereitung | Der Ausbilder hat alle nötigen Hilfsmittel bereitgelegt. | Damit die Unterweisung nicht unterbrochen werden muss oder nicht ordnungsgemäß durchgeführt werden kann. |
| Begrüßung | Der Ausbilder stellt durch angenehme Gespräche eine positive Atmosphäre her: "Small Talk" | Damit Max entspannter an die Aufgaben herangehen kann und nicht zu nervös ist. |
| Erfragen der Vorkenntnisse | Der Ausbilder bringt vorhandene Kenntnisse in Erfahrung. | Damit geprüft werden kann, ob Max die bereits erlernten Kenntnisse mit dem Thema in Zusammenhang bringen kann. |
| Ziele der Unterweisung | Der Ausbilder erklärt die Nutzen von Gewinden. | Damit der Auszubildende motiviert ist und weiß, was er mit der Unterweisung machen kann. |

| 2.Phase | Vormachen und Erklären | |
|---|---|---|
| Werkstück spannen | Der Ausbilder spannt das Werkstück in den Schraubstock. | Damit das Werkstück beim Gewindeschneiden nicht wegrutscht oder sich mitdreht und Max somit für die Unfallverhütungsvorschriften sensibilisiert wird. |
| Sicherheitsbelehrung | Auf die Schutzbrillenpflicht wird aufmerksam gemacht und ihre Notwendigkeit erklärt. | Damit Max für die Unfallverhütungsvorschriften auch in diesem Bereich sensibilisiert wird. |
| Gewindebohrer auswählen | Der Ausbilder erläutert die korrekte Reihenfolge bezüglich des Einsatzes der jeweiligen Gewindebohrer. | Damit der Auszubildende die Überlegungen und Handlungen nachvollziehen kann. |
| Beispiel erläutern | Der Ausbilder zeigt ein Negativbeispiel der nicht fachgerechten Handhabung. | Damit der sachgerechte Umgang mit Werkzeugen gefördert wird. |
| Begleitende Fragen | Der Ausbilder begleitet den gesamten Prozess des Gewindeschneidens mit Fragen an den Auszubildenden. | Damit der Auszubildende zu einer intensiveren Auseinandersetzung mit dem Vorgang des Gewindeschneidens angeregt wird. |
| Gewinde anschneiden | Das Gewinde wird unter Zugabe von Schneidfett angeschnitten und mit einem Anschlagwinkel ausgerichtet. | Damit Maxs Qualitätsbewusstsein gefördert wird. |
| Gewinde schneiden | Der Ausbilder schneidet die Gewindegänge zu Ende und erläutert hierbei die fachlichen Hintergründe. | Damit die fachlichen Kenntnisse durch begleitende Erklärungen gefördert werden. |
| Kontrolle der Arbeitsleistungen | Der Ausbilder kontrolliert das Gewinde mit der Gewindelehre und weist auf das Eintragen ins Prüfprotokoll hin. | Damit eine Routine zur Selbstkontrolle beim Auszubildenden gefördert wird. |

| 3.Phase | Nachmachen und Erklären lassen | |
|---|---|---|
| Nachmachen | Der Ausbilder fordert Max auf die einzelnen Arbeitsschritte des Gewindeschneidens zu wiederholen und zu erklären. Gegebenenfalls stellt er noch Fragen zu Durchführung. | Damit die Tätigkeit geübt wird und Max zum Durchdenken der Arbeitsschritte angeleitet wird. |
| Eingreifen | Der Auszubildende steht unter Beobachtung, wird für korrekt ausgeführte Schritte gelobt und bei Fehlern wird seitens des Ausbilders eingegriffen. | Damit Max durch Nachfragen auf Fehler hingewiesen werden kann und er diese bei der nächsten Durchführung vermeiden kann. Ganz wichtig ist, dass der Auszubildende auch für kleine, erfolgreiche Schritte gelobt wird, damit er die Motivation nicht verliert. |
| Kontrolle der Lernziele | Die Lernziele werden durch Prüfen der Gewinde und durch gezielte Fragen kontrolliert und in das Prüfprotokoll eingetragen. | Damit festgestellt werden kann, ob der Auszubildende alle Arbeitsschritte verstanden hat. |
| **4.Phase** | **Üben und Festigen** | |
| Gezielte Übungen | Max schneidet erneut ein Gewinde. | Damit hierbei die erlernten Fähigkeiten noch einmal gefestigt werden können, denn zum richtigen Ausführungen gehört auch das Üben. |
| Lob | Bei richtiger Handhabung wird der Auszubildende gelobt. | Damit durch das Lob Max zu weiteren Übungen motiviert wird. |
| Anweisung | Max wird angewiesen, die Unterweisung in sein Berichtsheft einzutragen. | Damit Max die Informationen erneut nachlesen kann, denn durch Aufschreiben der Tätigkeiten wird er erneut zum Überlegen angeregt. |
| Hinweis auf die nächste Unterweisung und Verabschiedung | Der Ausbilder teilt Max das Thema der nächsten Unterweisung mit und verabschiedet sich mit freundliche Worten. | Damit Max die Unterweisung besser einordnen und sich orientieren kann. |

## 10. Lernerfolgskontrollen

Nach der Unterweisung hat der Auszubildende diese in sein Berichtsheft einzutragen. Max wird in weitere betriebliche Aufgaben einbezogen, in denen er das Gewindeschneiden ausführen muss und somit sein frisch erlerntes Wissen im darauffolgenden Betriebsverlauf festigen kann. Dadurch soll er weitere Einsatzmöglichkeiten erkennen. Auch wird dabei seine zukünftige Motivation gesichert. Der Ausbilder hat die Aufgaben zu kontrollieren. Falls Fragen von Seiten des Auszubilden aufgetreten sind, können diese auch noch im Nachhinein geklärt werden. Damit sollen zukünftige Fehler vermieden werden. Im weiteren Verlauf der Ausbildung sind stichprobenartige Kontrollen durchzuführen, um mögliche Schwächen frühzeitig erkennen zu können.

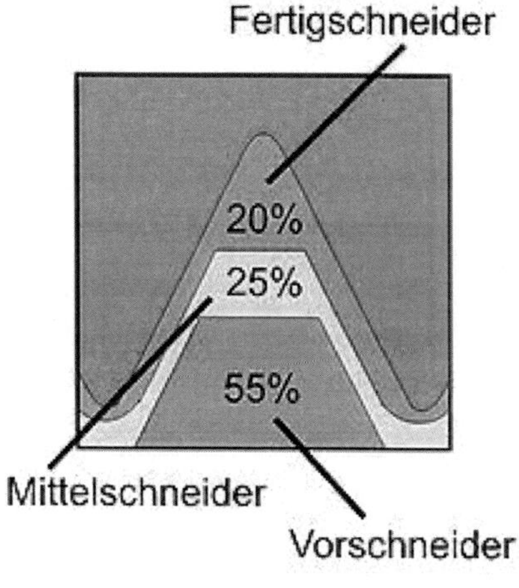


https://de.wikipedia.org/wiki/Gewindebohrer#/media/File:Gewindeschneider.jpg